L'ARTILLERIE A CHEVAL

A TIR RAPIDE

DANS LA DIVISION DE CAVALERIE

PAR

le Chef d'escadron d'artilerie P. N.

PARIS

LIBRAIRIE MILITAIRE R. CHAPELOT et Cie

IMPRIMEURS-ÉDITEURS

30, Rue et Passage Dauphine, 30

1907

Tous droits réservés

L'ARTILLERIE A CHEVAL

A TIR RAPIDE

DANS LA DIVISION DE CAVALERIE

PARIS. — IMPRIMERIE R. CHAPELOT ET Cᵉ, 2, RUE CHRISTINE.

L'ARTILLERIE A CHEVAL

A TIR RAPIDE

DANS LA DIVISION DE CAVALERIE

PAR

le Chef d'escadron d'artilerie P. N.

PARIS

LIBRAIRIE MILITAIRE R. CHAPELOT et Cᵉ

IMPRIMEURS-ÉDITEURS

30, Rue et Passage Dauphine, 30

1907

AVANT-PROPOS

Les artilleries à cheval attachées aux divisions de cavalerie se
sont acquises depuis longtemps une réputation méritée par leur
allant, leur belle tenue et leur résistance. Elles s'enorgueillis-
sent d'avoir eu à leur tête des chefs qui avaient su leur inculquer
leur esprit de décision et d'entreprise. Pendant vingt ans, armées
de leur excellent canon de 80, elles ont galopé sur le flanc des
escadrons sans que les poids traînés parussent les alourdir. Il
est vrai que les coffres étaient vides, ou ne contenaient que des
obus en carton... Dans la réalité, elles auraient sans doute esca-
dronné un peu moins, trotté un peu plus sur les chemins de
terre, mais tout aussi gaillardement enlevé au galop leurs voitures chargées au moment décisif.

Or tout évolue et c'est, en art militaire comme ailleurs, la
marque du progrès. Dans l'organisation générale des armées,
l'introduction du canon à tir rapide a marqué incontestablement
un progrès de premier ordre. Les formes des tactiques d'armes
s'en sont ressenties et ont dû s'y adapter; l'artillerie à tir rapide
s'est créé une tactique des feux basée sur l'utilisation à plein de
ses moyens, qui sont extraordinairement puissants. Actuelle-
ment, le tassement s'est fait : la doctrine est assise. Chacun sait
ce qu'il doit craindre ou espérer de l'armement. Comme dit le
troupier, il y a du nouveau, et « ce nouveau » constitue toute
l'instruction présente en vue de la guerre.

Dans cet ensemble, un tout petit coin restait à explorer, et
c'est l'objet de l'étude qui va suivre. Non pas que nous ayons la
prétention de mettre au jour des découvertes retentissantes :
Nil sub sole... Il n'est pas un artilleur à cheval qui ne se

soit pris à réfléchir sur la question de l'artillerie à tir rapide en coopération avec la division de cavalerie et il n'en est pas un qui ne se soit arrêté en son for intérieur, à telle ou telle solution ; aussi bien, ce qui va suivre est en quelque sorte un travail de « cristallisation », une étude d'ensemble d'une question laissée jusqu'ici dans l'ombre malgré son intérêt et aussi son importance, et nous prenons la liberté de la soumettre aux réflexions de nos camarades de toutes armes.

CHAPITRE PREMIER

Tactique de combat de la division de cavalerie[1]

---

1. *Rôle des divisions de cavalerie.* — Le commandement supérieur dispose des divisions de cavalerie opérant isolément ou en corps, selon les circonstances et la période des opérations. Les missions qu'il leur attribue, et qui toutes tendent à la préparation ou à l'exploitation de la bataille, peuvent donc se situer dans le temps, avant, pendant ou après bataille.

« Avant la bataille, pendant les opérations, les missions que peut recevoir la cavalerie sont très variées ; elles résultent des besoins du commandement pour la décision à prendre, des besoins plus immédiats des troupes... »

« Dans la bataille, le chef se servira de sa cavalerie, comme il se sert de son infanterie et de son artillerie, quand le moment sera venu, pour rompre la résistance de son adversaire ou pour repousser ses attaques. C'est une arme de combat avec des propriétés spéciales... »

Sous une forme moins synthétique on peut dire que les missions à attribuer à la cavalerie sont multiples et qu'elles englobent toutes les opérations résultant de l'exploration stratégique d'abord, puis de la prise de contact, de la surveillance des abords du champ de bataille, de la coopération directe aux attaques et contre-attaques et enfin du sens de la décision intervenue : poursuite ou retraite.

Ce n'est évidemment pas ici le lieu de discuter ou d'exposer

---

[1] Pour la rédaction de ce chapitre nous avons fait de fréquents emprunts au *Cours de Cavalerie* de l'École de guerre de M. le lieutenant-colonel Beurderiat.

les procédés de détail par lesquels la cavalerie remplira ces missions si diverses et parfois si délicates ; il nous suffit de constater que si les *formes* de l'action de la cavalerie sont quelquefois défensives, ou si l'on préfère, expectantes, son *action de force est toujours offensive*, puisqu'elle réside tout entière dans le mouvement.

2. *Tactique de combat*. — En tactique générale, il est un axiome qui proscrit les duels voulus, prémédités d'arme à arme semblable, comme contraires au principe primordial de l'association des armes dans le combat, et cet axiome s'impose plus spécialement à la cavalerie qui, par sa nature et son mordant, peut se laisser entraîner à un tournoi sans résultats.

Ce n'est pas à dire, toutefois, que dans l'exécution des missions si variées qui lui seront dévolues, la cavalerie n'aura pas à se rencontrer avec la cavalerie adverse. « Non, si la cavalerie ennemie est un obstacle à la mission reçue et qu'elle ne puisse la remplir autrement. » Et, au cours même de la bataille, qu'elle pique à l'attaque ou qu'elle manœuvre à la parade, il lui faudra également passer sur le corps de toute cavalerie adverse qui s'opposerait à son action « coûte que coûte, sans compter et quoi qu'il advienne ».

Il s'agira donc, à un moment donné, et quelles que soient les dimensions de l'engagement, de rompre l'effort de l'adversaire, de le culbuter et d'aller dans la poursuite jusqu'à bout de souffle ; il y aura donc une attaque à déclancher et, par conséquent, à *organiser* avant le déclanchement.

Ici intervient l'art du commandement supérieur, qui se manifeste par la manœuvre, laquelle n'a jamais d'autre but que de préparer l'attaque du fort au faible, la force pouvant résulter de plusieurs éléments pris isolément ou en combinaison, supériorité numérique, surprise, terrain, etc.

Il est dans les tendances actuelles de la cavalerie française de réaliser l'attaque, non plus en partant des dispositifs en tête de porc, qui affectent des formes plus ou moins défensives, mais par une manœuvre nettement offensive et qui consiste à gagner le flanc — c'est-à-dire le point faible — par une évolution rapide.

« La cavalerie, dit un officier général, doit se départir, comme arme essentiellement offensive, de ces dispositifs purement défensifs dits en tête de porc, qui dénotent toujours un aveu d'infériorité morale. »

Et le général Donop envisage ainsi qu'il suit le combat de cavalerie : « D'abord l'échelon de choc : *c'est celui que le chef dirige jusqu'au dernier moment*, de façon à dérober à l'ennemi le plus longtemps possible la direction définitive de l'attaque, à *choisir cette direction* quand il veut, à frapper où il veut et comme il veut, en lançant l'échelon de choc droit sur le point choisi, comme un obus de rupture.

« Puis d'autres échelons qui se succèdent *en conformant leur direction d'approche à celle de l'échelon de choc*.....

« Enfin, d'une réserve dont le chef seul dispose en dernier ressort. »

On a fait remarquer que cette manœuvre exigeait de la virtuosité de la part du chef et une grande souplesse manœuvrière aux troupes d'exécution. Nous ne nous permettrons pas d'émettre un avis sur la question, étant donné notre qualité d'artilleur ; mais nous saisissons fort bien ce qu'a de séduisant cette manœuvre pour des chefs à l'œil sûr et à la décision prompte.

Un autre maître en cavalerie — « l'Irrégulier » — envisage un peu différemment le *montage* de l'attaque. Pour lui, les conditions dans lesquelles on s'approche de l'ennemi ont déterminé la prise d'un *dispositif initial échelonné* qui devra se modifier une, deux, trois fois peut être, pour déjouer les projets de l'adversaire et lui imposer la volonté de l'attaque au lieu de subir la sienne. En cela réside la manœuvre.

« Cheminant au loin en tête, précédé d'une ligne d'éclaireurs du terrain, le chef choisit la route, gagne le sommet des pentes, les plateaux, les points culminants d'où il peut embrasser l'horizon et s'avance par bonds.....

« Derrière lui la troupe *en garde*, bien entourée de patrouilles de combat, suit le fanion de direction.....

« L'ennemi en vue. c'est le moment de manœuvrer.

« *En batterie. — Ouvrez le feu !*

« Et, pendant que l'artillerie travaille, le chef prend sa résolution ; c'est par l'aile gauche qu'il veut attaquer ? Changeant de dispositif et passant d'une formation défensive à une formation enveloppante, de manière à envelopper l'aile droite ennemie, il gagne son point d'attaque, obligeant l'adversaire à manœuvrer sous le feu de ses canons, jusqu'à ce qu'il lui plaise de découpler ses unités et de sonner l'attaque. »

En somme, les mêmes principes régissent les diverses conceptions, et l'exécution est en relation étroite avec le tempérament particulier du chef. Chaque chef a sa « manière ».

En tout cas, il n'est maître de son action qu'après avoir préparé et organisé son attaque;

Préparé l'attaque en réunissant les moyens, en faisant converger le feu des autres armes sur le point à attaquer;

Fait un plan basé sur la vue et la distance de l'ennemi; la meilleure exploitation du terrain; le moment le plus opportun pour la charge;

Disposé les troupes pour son exécution et leur avoir indiqué, si possible, des objectifs;

Enfin, donné le signal de la charge.

3. *Moyens dont dispose la division de cavalerie.* — En dehors de ses sabres et de sa vitesse propre qui constituent ses moyens cavaliers, la division dispose d'un groupe d'artillerie à cheval qui lui est rattaché organiquement, et disposera un jour ou l'autre d'une section ou d'une batterie de mitrailleuses.

Sans parler pour le moment des mitrailleuses — la question sera traitée plus loin avec quelques détails — le canon offre à l'action de la division de cavalerie un appoint qu'elle a appris à ne pas dédaigner et qui lui permettra d'accroître sa capacité offensive ou défensive, selon que la mission qui lui sera confiée comportera le mouvement en avant ou une occupation de position.

L'artillerie à cheval constitue en réalité, dans la division de cavalerie, un *groupement de manœuvre* au même titre que les autres unités de la division. Comme ces unités, elle fera partie du montage de l'attaque pour entrer avec ses qualités propres de puissance à distance dans l'action d'ensemble, et il arrivera fréquemment que la *manœuvre pour l'attaque*, telle que nous l'avons exposée précédemment, sera greffée sur les résultats acquis ou à prévoir à la suite de son entrée en action.

4. *L'artillerie à cheval, échelon de combat.* — Les batteries

sont donc un des échelons de combat, et le chef de cavalerie a le plus grand intérêt à en faire un emploi judicieux, en raison de la rapidité et de l'efficacité de leur action. Le général Donop demande qu'on leur fasse faire le minimum de chemin et qu'on leur donne le maximum de temps pour tirer, en manœuvrant de façon à laisser l'adversaire le plus longtemps possible sous leur feu. C'est prendre en quelque sorte les batteries comme pivot de manœuvre, et c'est également ainsi que l' « Irrégulier » envisage le rôle de cet échelon.

« Dans le combat de cavalerie contre cavalerie, dit-il en substance, les partis opposés ne peuvent faire un usage égal de leur artillerie. L'un d'eux est tout de suite maître de la situation, et l'action de l'artillerie peut produire un résultat décisif sur la tournure du combat.

« Il est donc capital que le parti dont les batteries peuvent entrer en ligne les premières *leur laisse le temps d'agir et transporte au besoin le point d'attaque sur le flanc de l'ennemi pour retarder l'abordage, en l'obligeant à manœuvrer plus longtemps sous le feu des canons.* »

On voit donc clairement l'intérêt qui s'attache à faire entrer en action les batteries dès que l'ennemi est en vue, et par conséquent à leur ménager, dans le dispositif d'approche, une place appropriée.

« Inversement, dit encore l' « Irrégulier », le parti qui subit un feu efficace d'artillerie est dans l'obligation de brusquer l'attaque pour atténuer, autant que possible, l'effet de cette artillerie, et il ne peut, faute de temps, demander à ses propres batteries qu'un concours tout à fait éphémère. »

5. *Batteries à tir rapide.* — Cela s'entendait du canon de 80, dont l'efficacité n'était certes pas négligeable, mais dont le tir était relativement lent. Que l'on se place maintenant dans le cas de batteries à tir rapide, capables de donner un tir presque immédiatement efficace et que l'on se représente la situation. L'adversaire, saisi par un tir en profondeur, aura, pour s'y soustraire, la ressource de foncer en avant, de se déplacer latéralement ou de faire demi-tour. La fuite en avant, la fuite en arrière pourront lui être aussi néfaste l'une que l'autre; seul le déplacement latéral lui offrira chances de salut, et c'est dans ce

moment critique qu'il risque fort d'être abordé par l'attaque lâchée à point nommé.

Il n'est pas douteux que les batteries à tir rapide n'apportent désormais à des chefs manœuvriers un appoint des plus puissant; mais par contre, elles rendront la conduite de la division de cavalerie bien plus délicate encore que par le passé. La capacité de rendement de l'artillerie à tir rapide est telle, en effet, que les escadrons imprudents — et la prudence ne s'allie guère à l'esprit cavalier — que les escadrons imprudents, disons-nous, seront soudain saisis, criblés de balles et dissociés. Cavaliers, nos frères, retenez cet avis! Pas plus que vous ne craignez les fusils de l'infanterie aux manœuvres d'automne, vous n'avez jusqu'ici attaché quelque importance au tir des canons. C'est à peine s'ils étaient là au moment de l'accrochage, et bien souvent même ils y étaient venus de leur propre inspiration.

S'ils réussissaient à tirer quelques coups de canon avant la mêlée, ils ne lançaient sur vous que des obus de carton. Mais il n'en sera plus ainsi dans le combat réel; chaque obus renferme 300 balles; chaque obus bat 25 mètres de front sur 250 à 350 mètres de profondeur selon la distance du tir; chaque pièce peut tirer 10, 12, 15 coups à la minute, ce qui fait bien des balles lancées, bien des balles efficaces, et cela montre, avant la lettre, que la cavalerie, tout comme sa camarade l'infanterie, doit devenir plastique, adapter plus que jamais sa tactique au terrain et, s'il est nécessaire, en modifier les procédés. Sinon, elle court à un échec, voire à la destruction locale.

En bref, la conduite de la division de cavalerie, devant le canon à tir rapide, demandera demain, plus encore qu'hier des chefs ayant de l'envergure, et les plus habiles seront peut être ceux qui sauront faire de leur canon le meilleur usage, sans pour cela subordonner en aucune façon l'action de leur cavalerie à celle de l'artillerie qui lui est attachée.

6. *Les mitrailleuses.* — En les supposant suffisamment mobiles, les batteries à tir rapide rattachées aux divisions de cavalerie leur assurent sans conteste une capacité offensive plus grande, en vertu de ce principe que tout progrès de l'armement est au profit de l'offensive. La défensive en bénéficie évidemment aussi, mais dans une proportion moindre, et c'est là précisément

un point de doctrine qui a fait couler des flots d'encre surtout en ces dernières années. La question est tranchée — elle l'était depuis longtemps — et les hérésies qui s'étaient fait jour à son sujet gisent dégonflées. N'insistons pas.

Mais quel que soit le renfort apporté par les batteries à tir rapide à l'action de la division de cavalerie, il est bien des cas où celle-ci aurait grand besoin de compléter l'effet de ses canons par un appoint de fusils. Le besoin s'en fait sentir particulièrement dans les missions d'occupation de positions; la cavalerie, qui va vite, est chargée par exemple d'aller tenir lestement un débouché que les gros utiliseront ensuite; quelque infanterie lui serait d'un grand secours pour augmenter sa force de résistance et d'occupation : malheureusement l'infanterie ne marche qu'à 4 kilomètres à l'heure. Or il existe un engin automatique, robuste et léger tirant la cartouche réglementaire d'infanterie, ayant un débit théorique de 400 à 500 coups à la minute et qui, pratiquement, peut dépasser 300 coups. Cet engin est la mitrailleuse.

Une section de deux mitrailleuses donnerait au moins 600 coups à la minute, soit l'équivalent de 100 fusils dans le même temps, et dès lors, si l'on suppose la division dotée d'une ou de deux sections de mitrailleuses, n'y a-t-il pas lieu de penser que sa capacité de résistance s'en trouvera considérablement accrue ?

On a beaucoup discuté, en France et ailleurs sur l'utilisation des mitrailleuses. La controverse a été chaude et tenait à ceci que certains voulaient faire travailler la mitrailleuse non pas en coopération, mais en concurrence avec le canon. Or la mitrailleuse est par essence inapte à produire autre chose que du tir d'infanterie — ce qui a déjà son importance — et du tir d'infanterie avec sa puissance et surtout sa faiblesse ordinaire qui réside, ainsi qu'on le sait, dans l'impossibilité absolue d'un réglage préalable. La mitrailleuse n'est donc pas un canon; ce ne peut être et ce n'est qu'une batterie de fusils.

Comment se fait-il donc que de telles propriétés reconnues à un engin n'aient pas entraîné immédiatement son introduction dans les armements ? Comment se fait-il que partout où des essais furent entrepris, on les conduisit longtemps sans doctrine apparente, même provisoire, sans programme ferme, sans méthode logiquement connue et arrêtée ?

C'est que les mitrailleuses étaient par avance discréditées par le souvenir de nos fameux canons à balles de 1870 et qu'on redoutait pour elles un fiasco pareil.

L'Allemagne les introduisit lentement mais progressivement dans ses armements ; elle en fait un organe de corps d'armée sans rattachement fixe à une arme particulière ; la Russie les incorpore aux divisions d'infanterie ; la Suisse en dote sa cavalerie ; la France en arme timidement quelques bataillons de chasseurs ou quelques blockhaus de l'Extrême-Sud algérien ; en un mot, d'un pays à un autre apparaissent de sérieuses disparates dans la manière de concevoir l'emploi tactique des mitrailleuses.

Elles ont cependant fait leurs preuves. Nous n'ignorons pas que, pendant la guerre sud-africaine, les mitrailleuses, mal employées du côté boër n'ont pas donné non plus du côté anglais ce qu'on en attendait. Les Boërs n'ont pas su s'en servir ; les Anglais en avaient pourvu organiquement leurs unités ; mais, comme le commandant d'une troupe ne peut à la fois diriger sa troupe et ses mitrailleuses, celles-ci ne pouvaient manquer d'être mal utilisées et le furent en effet. Il semble donc que nous soyons mal venus à faire état des résultats de l'emploi des mitrailleuses dans la guerre sud-africaine, et cependant un témoin militaire compétent a écrit à ce sujet : « Il n'en demeure pas moins que cet engin doit entrer maintenant dans l'armement en raison de sa légèreté et de la puissance de feu qu'il assure. Nous ne devons plus nous attarder à des essais timides. Il faut en constituer des groupes spéciaux. ... »

Plus récemment, pendant la dernière guerre de Mandchourie, les Russes se sont servis des mitrailleuses et s'en sont bien servis. La *Revue d'Artillerie* de février 1905, dans un article intitulé : *Une Compagnie de mitrailleuses à Liao-yang*, donne le récit fait par le commandant de cette compagnie de deux jours de bataille, récit des plus intéressants et qui fournit des renseignements très précieux sur la manière dont les mitrailleuses se sont comportées dans la bataille, tant au point de vue du tir que de la prise d'emplacement, de l'efficacité, de la résistance au feu et de la consommation des munitions.

De ce récit, dans l'analyse détaillée duquel le cadre de cette étude ne nous permet pas d'entrer, nous conclurons simplement que, malgré les imperfections inhérentes à leur nature même, les mitrailleuses sont parfaitement utilisables en guerre et parfaitement efficaces *dans des limites de tir determinées :* le tout est de savoir s'en servir. Sans doute, ces résultats de guerre n'étaient pas contestés, même avant le conflit russo-japonais, sauf bien entendu par ceux dont le siège était fait et qui les écartaient de parti pris. L'expérience de la guerre a maintenant passé par là et il n'y a plus qu'à se rendre à l'évidence.

Adjointes aux divisions de cavalerie, les mitrailleuses accroîtront très certainement leur capacité de résistance. Ce sont, nous le répétons, des fusils qu'elle transporte avec elle et dont elle a souvent besoin. L'important est de définir nettement leur spécialité et de ne pas vouloir avec elles concurrencer le canon ou les employer illogiquement. Leur mobilité et leur rendement en font aussi une arme de surprise : une cavalerie allante chargée de harceler une colonne en tirera grand profit. Nous avons vu les cavaliers suisses opérer dans une mission de la sorte et y employer leurs « armes-machines » avec succès. Les cavaliers français seraient-ils moins habiles ?

CHAPITRE II

Emploi de l'artillerie à cheval à tir rapide.

------

7. *Circonstances d'emploi des batteries à cheval de cavalerie.*
— Les batteries à cheval de cavalerie pourront être appelées à
agir dans le combat et la bataille comme des batteries montées
ordinaires, ou dans le combat de cavalerie proprement dit
comme batteries légères.

Dans le premier cas, elles auront à agir seules ou à prolonger
une ligne existante de batteries montées ; dans le second, leur
action se lie intimement à celle de la cavalerie.

Examinons, dans chacune de ces circonstances, comment elles
auront à opérer, tant pour l'occupation de la position que pour
l'ouverture et la conduite du feu.

8. *Les batteries à cheval dans le combat ou la bataille.* — Appelées à coopérer directement au combat ou à la bataille, les batteries à cheval n'y apporteront, en dehors de leur action propre,
que leurs qualités spéciales de souplesse et de mobilité. Leur
action à distance étant, de par leur armement, la même que
celle des batteries montées, leur mode d'emploi ne saurait dif-
férer du mode d'emploi de celles-ci. Elles appliqueront donc
une tactique pareille pour les prises de positions, l'ouverture et
la conduite du feu. Et, comme les circonstances où elles seront
employées de la sorte seront au moins aussi fréquentes que les
combats de cavalerie, il leur faut la connaissance intégrale des
procédés des batteries montées; en un mot, une égale science
technique et une pareille habileté de tir.

9. *Les batteries à cheval dans le combat de cavalerie.* — Mais, en ce qui concerne leur rôle dans le combat de cavalerie, les mêmes procédés de prises de position, d'ouverture et de conduite du feu leur sont-elles applicables? N'y a-t-il pas lieu de les modifier, de les simplifier dans la mesure convenable? C'est ce qu'il y a intérêt à déterminer.

Une artillerie quelconque engagée ou prête à s'engager dans le combat ou dans la bataille risque à tout moment de se trouver en présence d'une artillerie plus forte ou plus heureuse ou mieux commandée, dont l'attaque peut la mettre soudainement en mauvaise situation et la contraindre rapidement à se terrer et à attendre le moment propice pour rentrer en action au point même où elle se trouve ou ailleurs.

Cette artillerie a donc des risques sérieux à courir et, par con , séquent, elle est tenue de prendre toutes les précautions possibles pour pouvoir participer au combat dans les meilleures conditions. Dans ce but, les moyens principaux dont elle dispose sont, comme on sait, le défilement, une préparation soigneuse du tir, le repérage du terrain, etc., etc.

Ces dangers, auxquels toute l'artillerie se trouve exposée dans la bataille, l'artillerie à cheval engagée dans le combat de cavalerie n'a pas à les redouter au même degré. Elle n'aura la plupart du temps, en face d'elle que les lignes de sabres qu'elle se propose précisément de désorganiser par son feu avant le choc même; elle n'a guère à craindre que les attaques partielles de cavalerie contre ses flancs découverts — et nous verrons plus tard la parade à employer; — quant à l'attaque par l'artillerie adverse, c'est un point qu'il convient d'examiner.

10. *Le duel des artilleries à cheval est une faute.* — Si l'artillerie B attaque l'artillerie A au lieu de canonner la cavalerie A, elle oublie ou perd momentanément de vue son rôle essentiel qui est de chercher à désorganiser par ses shrapnels cette cavalerie A; elle risque, d'autre part, de perdre son temps et sa peine, en prenant, au lieu d'un objectif principal, un objectif secondaire, et enfin rien ne dit, *à priori,* qu'elle réussira à maîtriser cette artillerie A qui, elle, entame et continue pendant ce temps son tir contre la cavalerie B.

On se rend compte, en effet que l'artillerie B tirant sur l'artillerie A n'obtiendra des résultats efficaces qui si elle réussit, au préalable, à régler son tir: or ce réglage nécessaire, même large, prend du temps, un temps précieux, une minute, une minute et demie, trois minutes peut-être, et pendant tout ce temps l'artillerie A, attaquée mais non muselée, a tiré sur la cavalerie B, remplissant imperturbablement son rôle qui est de taper sur la cavalerie adverse sans se laisser aller à répondre à d'autres invites.

D'ailleurs, dans bien des cas, — dans la plupart des cas, pourrait-on dire, — les artilleries A et B occuperont des positions telles qu'elles verront probablement se dérouler l'engagement de cavalerie, mais qu'elles ne s'apercevront pas l'une l'autre, ou que, si elles s'aperçoivent, les distances les séparant seront si grandes qu'il serait absurde d'engager un duel inopportun autant qu'inoffensif.

Ainsi donc, tenons pour acquis que l'artillerie à cheval n'a devant elle, comme adversaire à combattre, que des cavaliers armés du sabre ou de la lance, et que, si l'artillerie adverse commet la faute de l'attaquer, ce serait également une faute de sa part de répondre directement au feu.

11. *Des positions en artillerie à cheval.* — Dès lors, et si l'artillerie à cheval n'a d'autres adversaires à redouter que des cavaliers sabrant ou pointant, il va de soi qu'elle n'aura cure des précautions vitales, énumérées précédemment et qui sont l'a. b. c. du métier des batteries montées.

Elles pourront, sans hérésie tactique, se mettre en batterie partout où elles ont chance de pouvoir prendre part à l'action par leur feu. Si les sommets, qui donnent des vues étendues, leur sont recommandés, les crêtes à vues directes, les revers de pentes face à l'ennemi et même les fonds ne leur sont nullement interdits: en un mot, *pour l'artillerie à cheval, toutes les positions sont bonnes qui lui assurent des vues et la possibilité d'agir efficacement dans le combat de cavalerie.*

Il n'y a là rien de nouveau : il en était ainsi avec le canon de 4, avec le canon de 80 également; il en sera de même avec un canon à tir rapide, et, aurions-nous le canon de 55 avec obus explosifs en tir rapide, qu'il en serait encore ainsi.

Ainsi donc toutes les positions sont bonnes ou, si l'on préfère, il n'y a pas, en artillerie de cavalerie, de positions écartées à riori, et, par voie de conséquence, on peut affirmer que les procédés d'occupation des positions qui étaient bons hier sont encore bons aujourd'hui et le demeureront, quels que soient les perfectionnements apportés à l'armement.

12. *Formations de translation.* — Dans la batterie isolée, les formations de translation pourront être la colonne par pièce, la colonne par pièce doublée et l'en-bataille à intervalles serrés. Ces deux dernières seront toujours à préférer quand la mise en batterie doit suivre la translation. Elles ont la même souplesse que notre ancienne colonne par section à intervalles serrés; de plus, elles ont sur elles l'avantage de faire gagner du temps puisqu'ici canon et caisson sont constamment accolés, qu'il n'y a pas d'éventail à prendre dans les sections et enfin, qu'il n'y a plus que 2 sections au lieu de 3.

Dans le groupe et par analogie, les formations de translation sont la ligne de colonne par pièce ou par pièce doublée, et l'en-bataille à intervalles serrés.

La ligne de colonne par pièce est extrêmement souple et permet de passer partout en respectant le bien d'autrui. Elle correspond, en effet, à une formation non réglementaire avec le 80, mais qu'employaient fréquemment certains artilleurs à cheval, surtout aux manœuvres, où les champs de betteraves et de maïs sont « tabou ».

L'en-bataille à intervalles serrés pour le groupe présente moins d'avantages que dans la batterie isolée, en raison de son front et de sa densité. Cette formation est cependant à retenir à titre circonstanciel.

En revanche, la ligne de colonne par pièce doublée convient très bien à la manœuvre du groupe. C'est par excellence la formation réglementaire préparatoire à la mise en batterie. C'est une formation-type.

On observera enfin que la colonne par section — laquelle n'est plus réglementaire — et par conséquent dans le groupe la ligne de colonne par section, se prêterait particulièrement bien aux déploiements rapides. On ne voit pas la raison qui l'a fait exclure du dernier règlement. Cette formation semble cependant des plus pratiques.

13. *Marche d'approche.* — Si le canon qui arme les batteries de cavalerie n'a pas toute la mobilité désirable, il est de nécessité absolue d'utiliser, aussi longtemps qu'on le pourra, dans la marche d'approche, les routes, chemins ferrés ou chemins de terre.

Quand le groupe déboîtera pour cheminer à travers champs, la translation se fera constamment en ligne de colonne par pièce ou par pièce doublée. Toutes les autres formations dépendront des circonstances.

14. *Ouverture du feu.* — Les combats de cavalerie se déroulent avec une très grande rapidité : les plus longs — ceux précisément où l'artillerie n'a pas été employée — ont duré de quinze à vingt minutes (Ville-sur-Yron, 16 août 1870). Les objectifs sont donc des plus fugitifs et, si l'artillerie veut s'employer comme elle le doit, il lui faut des qualités acquises et toutes spéciales d'audace et d'alacrité.

Une fois en position de batterie, elle doit *agir vite et bien :* vite, donc ouvrir le feu rapidement; bien, c'est-à-dire le conduire de manière qu'il soit le plus tôt possible efficace; enfin, comme l'occasion est extrêmement fugace, elle doit la saisir aux cheveux et n'avoir pas à se montrer trop parcimonieuse en projectiles.

15. *Abatage ou non-abatage.* — Pour ouvrir le feu rapidement, une première simplification de manœuvre s'impose : il convient de ne pas procéder à l'abatage pour le premier coup.

Cette opération, faite au terrain de manœuvre, c'est-à-dire en toute tranquillité d'esprit et de corps, prend environ quinze secondes *avec des servants exercés;* sur le champ de bataille, avec l'ennemi en vue et dans l'excitation qui suit une arrivée rapide, il est prudent de majorer ce temps et de le porter à trente secondes; c'est donc au minimum une demi-minute perdue pour le tir.

Il y a plus : du fait même de l'excitation, de l'énervement dont nous venons de parler, il peut résulter une erreur d'objectif que décèlera le premier coup tiré; si l'on a tout d'abord abattu, il faudra relever, puis abattre, double perte de temps à provenir d'un accident toujours possible et qui sera plus fréquent qu'on ne le croit.

Mais si l'on n'a pas abattu, que va-t-il se passer ?

Rien ne sera changé dans la fixité de l'affût, si le terrain est horizontal et homogène : les patins de roue ne contribuent, en effet, que dans une très faible mesure à limiter le recul, rôle qui appartient à la bêche de crosse.

Mais si les roues s'enfonçaient trop dans ce terrain supposé horizontal et homogène, il en résulterait un assez gros inconvénient, celui de rendre le coulissement sur l'essieu difficile, car le mouvement de pivotement des roues sera d'autant plus gêné que l'enfoncement sera plus considérable.

En terrain non homogène, l'une des roues s'enfoncera plus que l'autre, d'où résultera un dépointage et aussi une déperdition dans le champ du coulissement ; les mêmes inconvénients se produiraient d'ailleurs si les roues étaient montées sur les patins ; toutefois, ils seraient un peu réduits.

On peut donc dire que l'abatage, c'est-à-dire l'opération qui consiste à faire monter les roues sur les patins, n'a, au point de vue même de la régularité du tir, qu'une importance relative, et que la conséquence principale du non-abatage est de rendre assez difficile le coulissement sur l'essieu, ce qui intéresse à la fois le pointage en direction et le fauchage. Cependant, la gêne dans le coulissement n'ira jamais jusqu'à entraver le pointage en direction.

Quant au fauchage, nous verrons ultérieurement dans quelle mesure son exécution peut être compromise par une réduction du coulissement.

En somme, il est de l'intérêt de l'artillerie à cheval de ne pas abattre pour le premier coup : son tir y gagnera tout à la fois en rapidité et en « certitude ».

Mais si l'on n'abat pas, du moins sera-t-il nécessaire de décrocher le frein de roue après le premier coup ; sinon le service rapide de la pièce serait à peu près impossible, puisque tireur et pointeur ne pourraient pas enfourcher leurs sièges.

CHAPITRE III

Conduite du tir.

------

16. *Recherche de l'efficacité immédiate.* — Il tombe sous le sens qu'en raison de la rapidité avec laquelle se déroule l'action de cavalerie, l'artillerie à cheval, dans les quelques minutes dont elle dispose pour agir, doit rechercher, par-dessus tout, l'efficacité immédiate et faire usage, en conséquence, de procédés adéquats. Le canon à tir rapide lui en fournit précisément les moyens, puisqu'il allie la rapidité de son tir à la puissance de son obus. Il est à considérer, en effet, qu'il peut lancer de 10 à 16 obus à la minute, et que chaque obus, aux distances ordinaires de combat, disperse les 300 balles qu'il renferme dans un rectangle de 25 mètres de base sur 300 mètres environ de profondeur. Tout objectif placé dans ce rectangle se trouve donc atteint ; autrement dit, un tir exécuté sur une hausse trop courte de 300 mètres n'en serait pas moins immédiatement efficace.

17. *Du réglage préalable.* — La recherche d'une fourchette, quelles qu'en soient les limites, demande toujours un certain temps, qu'il s'agisse d'un canon de 80 ou d'un canon de 75, et, pendant ce temps, les échelons de choc — notre objectif — marchent, trottent, galopent. En principe, il y aurait donc tout avantage à s'affranchir d'un réglage préalable, pendant lequel les échelons, continuant à galoper, auront vite fait de franchir la zone d'encadrement, à supposer encore qu'on ait réussi à la déterminer, ce qui n'est pas prouvé.

Mieux vaut procéder de telle manière que le tir ait chance d'être très rapidement efficace, dût-on pour cela gaspiller un peu les projectiles. En cavalerie, le tir n'est jamais de longue durée, et il n'y a pas à craindre que cette prodigalité ait des conséquences gênantes par la suite.

18. *Procédés de tir.* — Dès lors, à quels procédés recourir pour obtenir le tir rapidement efficace que nous cherchons ?

Nous pouvons : 1° attaquer immédiatement les échelons de choc en tir progressif ; 2° les attaquer par un tir sur hausses successives au commandement ; 3° les attendre, si le terrain l'indique nettement, en un point de passage obligé dont la hausse aura été déterminée au préalable, et les couvrir en ce point de salves ou de rafales au commandement ; 4° enfin, combiner, selon les circonstances, ces trois procédés.

Examinons la valeur relative de chacun d'eux.

Il est incontestable que le tir sur repérage préalable est de nature à assurer au point voulu le tir efficace cherché. Mais rien ne dit que l'ennemi empruntera précisément, dans sa marche en avant, les voies qu'à l'observation nous avons jugées convenir à ses desseins, et, au surplus, devant les indications que lui donneront les coups de repérage, ne va-t-il pas éventer le piège, deviner le danger et filer à droite ou à gauche à l'abri des vues et des coups, en un mot « se défiler » ? Ce procédé de tir, qui est excellent en principe, qui convient merveilleusement à l'emploi efficace du canon à tir rapide, ne nous offrira donc, à nous, artilleurs de cavalerie, qu'un moyen occasionnel. Il n'en conserve pas moins toute sa valeur, et ce serait une faute que de l'écarter de prime abord.

Les deux autres procédés répondent mieux à notre desideratum. L'un et l'autre, en effet, permettent de battre rapidement et méthodiquement des zones profondes dans lesquelles nous sommes presque certains de cribler de balles l'adversaire, étant écartée, bien entendue l'hypothèse d'erreurs grossières d'observation.

On objectera peut-être, à ce sujet, qu'un tir déclanché ne pouvant plus être suspendu, il est à craindre que, si la hausse de départ a été estimée trop courte, le choc des escadrons ne se produise précisément dans la zone battue que l'on sait être profonde de 600 mètres au moins, et que, dans ce cas, la mitraille ne fauche amis et ennemis. Pour que la chose se produise, il faudrait évidemment que le tir progressif fût déclanché presque immédiatement devant le front des escadrons amis, les seuls, d'ailleurs, dont la préservation nous intéresse, et cela s'explique par le fait que la vitesse du galop de charge est supérieure à la vitesse normale du tir progressif. De sorte que, si l'on admet les vitesses 400 et 440 pour le tir progressif et pour le galop, il n'y aura jamais rien à craindre à ce point de vue tant que la première salve tombera à 50 mètres environ du front de la cavalerie amie.

Pour en revenir aux deux procédés en question, ils présentent, en outre, l'avantage de se combiner facilement l'un l'autre, l'une des batteries attendant, par exemple, pendant quelques secondes, les résultats de la première salve de sa voisine pour en faire le point de départ de son propre tir. Rien n'empêche d'accoler ces deux tirs dans la zone et sur le front considérés. Leur souplesse permet même d'envisager un mode d'action où l'une des batteries se ferait, en quelque sorte, l'aide intelligente de l'autre, surveillant le jeu et les résultats acquis par le tir de la batterie voisine, de manière à compléter par un tir approprié la désorganisation de l'adversaire et, si possible, sa destruction.

On est en droit de prétendre que ces deux procédés jumeaux sont parfaitement conformes à l'action de l'artillerie à cheval, en ce sens qu'ils valent surtout par l'effet de surprise résultant de leur efficacité immédiate.

La surprise, en effet, naît de la soudaineté et de la rapidité des rafales ou des salves efficaces successives. Un tir progressif bat 600 mètres de profondeur en une minute : l'adversaire ne peut pas ne pas être saisi sur cette profondeur. Quant à son rendement, on en aura une idée en remarquant qu'à 1,200 mètres, par exemple, une batterie bat facilement en tir progressif un rectangle de 100 mètres de front sur 600 mètres de profondeur. 32 projectiles, par rafales de 8, vont s'abattre successivement dans ce rectangle que 9,000 balles vont asperger ; et il serait facile de montrer que *chaque mètre carré de surface verticale* sera touché par 6 balles ; par 12 balles si les 2 batteries du groupe *superposent* leur tir contre l'objectif, ce qui, d'ailleurs, est inutile. — Il convient, toutefois, de remarquer que, si l'on a fait une erreur d'estimation de 600 mètres sur la distance, le tir progressif déclenché sans réglage préalable aura un effet nul ; de plus, il coûtera 32 projectiles. Au contraire, le tir sur hausses successives au commandement moins brutal comme procédé, permettra de se rendre compte instantanément de la valeur de l'estimation de la distance et d'en corriger de suite les conséquences. Mais, dans un cas comme dans l'autre, on voit qu'il y a tout intérêt à « situer » l'objectif en déterminant, par une méthode rapide, une fourchette large de 400 mètres.

Cette méthode rapide se présente de suite à l'esprit : elle consiste à exécuter le tir en échelonnant dans la batterie les hausses sur 400 mètres par section. Supposons, par exemple, comme distance évaluée, 1800. — Une section tire avec 1600 ; l'autre avec 2,000 ; la salve échelonnée ainsi produite sera *courte*, ou *encadrante* ou *longue*. Si elle est courte, nouvelle salve sur deux hausses, 2,400-2,800, qui, évidemment donnera une fourchette ; le but sera certainement situé entre 2,000 et 2,400 ou entre 2,400 et 2,800, sans quoi on aurait commis une erreur de 1,000 mètres sur l'appréciation initiale de la distance, ce qui est inadmissible.

Dès lors, la fourchette large étant déterminée après deux salves au maximum, — *dont l'une sera efficace* —, on prendra la hausse courte comme origine d'un tir en profondeur.

Une première salve longue aurait donné lieu à un bond en arrière et à une seconde salve sur les hausses échelonnées 800-1200, et, comme dans le cas précédent, on aurait obtenu l'encadrement à 400 mètres avec une salve déjà efficace.

. Si, enfin, la salve est encadrante, on a immédiatement ce que l'on cherche.

Ce procédé de recherche d'une fourchette large est incontestablement très pratique, très économique et très rapide. Il est donc à retenir.

On pourrait encore échelonner les hausses non plus par section, mais par pièce de 100 en 100 mètres ou de 200 en 200 mètres. Le tir en salve donnerait donc 4 coups sur hausses échelonnées, et il semble qu'on puisse faire fond sur les résultats de leur observation. Ce procédé, pour séduisant qu'il soit, est cependant moins pratique que le précédent. D'abord, il est moins rapide puisque les chefs de section auront à désigner deux hausses et à veiller à ce que des erreurs ne se produisent pas ; en second lieu, des coups pourront être mal observés, et, même si l'appréciation du sens des coups est exacte, on ne pourra en être certain qu'en tirant une salve de contrôle absolument nécessaire, au lieu que dans l'ouverture du feu par sections échelonnées deux coups se contrôlent l'un l'autre, ce qui procure un gain de temps des plus appréciables.

19. *Fusant ou percutant.* — Jusqu'ici, rien n'a été spécifié sur le *genre* du tir ; sera-t-il fusant ou percutant ?

Si incomplets que soient les renseignements que l'on possède sur l'obus de 75, on peut admettre, sans grande erreur, que les gerbes en fusant ou en percutant sont tout à fait comparables aux distances inférieures à 1300 mètres. Donc, le tir sera conduit en percutant toutes les fois que la distance évaluée sera inférieure à 1500 mètres ; on sera assuré d'y gagner à la fois en rapidité et en certitude, sans que l'efficacité soit en rien diminuée.

Aux distances supérieures à 1500, la valeur du tir s'affirme en faveur des gerbes fusantes, et, par conséquent, l'emploi du tir fusant doit être la règle. D'ailleurs, il va de soi, que si, au cours d'un tir fusant, on était conduit à faire un ou plusieurs bonds en arrière de manière à saisir l'objectif à moins de 1500 mètres, il y aurait tout intérêt à continuer le tir fusant et à ne pas le remplacer par le tir percutant.

20. *Du fauchage.* — Une des propriétés les plus remarquables du matériel de 75 réside dans la possibilité du « fauchage », opération qui a pour effet de transporter mécaniquement, pour une distance de tir déterminée, les gerbes d'éclatement des projectiles parallèlement à elles-mêmes.

L'emploi du « fauchage » convient donc toutes les fois que la largeur de l'objectif est trop grande pour que cet objectif soit entièrement battu sans que l'on change le pointage en direction.

On sait qu'une batterie de 4 pièces bat facilement, sans changement du pointage en direction, donc sans fauchage, un front de 100 mètres d'étendue. Par suite, les 2 batteries du groupe d'artillerie à cheval peuvent attaquer, dans de bonnes conditions et à toutes les distances de combat, un front de 200 mètres. Il y a des chances, par conséquent, pour que le tir produise un trou sérieux dans les échelons-objectifs et, si l'on escompte le trouble, le désarroi, le tourbillonnement qui en résultera, on peut en inférer qu'il ne sera pas d'une grande utilité de recourir au fauchage dans le combat de cavalerie.

Cependant, le fauchage présente trop d'avantages pour que les artilleurs à cheval ne le classent pas au nombre de leurs mécanismes. On remarquera, en effet, que leurs objectifs ordinaires seront des lignes de cavalerie en échelons les unes sur les autres, de sorte que les fronts successifs à battre auront, dans bien des cas, des largeurs supérieures à 200 mètres. Pour fixer les idées, supposons un front de 400 mètres (160 millièmes) à battre à 2,000 mètres avec les 2 batteries du groupe à cheval. Chaque batterie aura ainsi 200 mètres à battre 80 millièmes) et chaque pièce 50 mètres (20 millièmes). L'échelonnement initial des pièces dans la batterie sera donc 0-20-40-60, et, comme en tir normal une pièce isolée bat 25 mètres de front, soit 10 millièmes, il faudra recourir au fauchage pour battre les 25 mètres de front restants, et ce résultat sera obtenu avec 2 fauchages (12 millièmes).

L'artillerie à cheval ne doit donc pas regarder le fauchage comme une complication nuisible à son action efficace et rapide. Tout au contraire, il lui donnera, dans bien des cas, les moyens d'adapter son tir à la forme même de l'attaque qu'il s'agit de rompre. La souplesse du tir en fauchant lui permettra, tout particulièrement, de battre un objectif aussi fluide que la cavalerie.

CHAPITRE IV

Flanquement de la ligne d'artillerie.

---

21. *Le point faible de la ligne d'artillerie.* — C'est un axiome que si l'artillerie à cheval veut coopérer utilement à l'action de la cavalerie, il faut qu'elle prenne pour zone propre de manœuvre la partie du terrain opposée aux échelons et qu'elle cherche à prendre une position angulaire lui permettant de tirer le plus longtemps possible sans gêner sa propre cavalerie.

Dans cette situation, elle ne tarde pas à se trouver presque isolée et, la plupart du temps, totalement en l'air. Et qu'a-t-elle pour se défendre contre une agression, toujours à prévoir, de la cavalerie adverse ? Rien ou à peu près.

Quand le commandement supérieur est large et généreux, il lui attribue comme soutien un escadron de 120 sabres ; mais, plus généralement, il se montre parcimonieux à l'excès et lui octroie pour sa garde et sa sécurité deux maigres pelotons, tout justes capables de lui signaler la charge imminente, mais trop faibles pour s'y opposer.

22. *Nécessité du flanquement.* — Si le commandant de cette artillerie a eu la bonne fortune de pouvoir appuyer son aile extérieure à un obstacle, ferme, boqueteau, marais, il n'a guère à redouter que la charge sur son front ou sur ses derrières. Mais si cette circonstance heureuse n'a pu, en raison du terrain, être réalisée, son flanc demeure exposé à la plus dangereuse des charges, à la charge en plein flanc, celle à laquelle on ne peut opposer, en raison du peu de temps dont on dispose, que le tir à mitraille d'une ou de deux pièces. Le soutien, le brave petit soutien, accourra très résolument, nous n'en doutons pas, au secours des batteries, mais il sera infailliblement bousculé, refoulé peut-être dans les batteries où il entrera pêle-mêle avec l'assaillant : c'est le trouble, le désordre, le feu suspendu pendant des minutes qui sont décisives ; en un mot, c'est les batteries annihilées pendant un temps toujours trop long, et bien heureux serons-nous si la charge n'entraîne pas avec elle nos pelotons de chevaux des servants, à défaut des voitures contre lesquelles elle aurait bien tort de s'acharner.

Rien dans ce tableau qui ne soit conforme à la réalité vraie, et il n'est pas un artilleur qui ne l'ait vu se dérouler à chaque rencontre de cavalerie Il y a donc là un ensemble de faits point imaginés, d'accidents bien réels, une situation tout à fait sacrifiée... et qui pourrait ne pas l'être.

23. *Flanquement par les mitrailleuses.* — Comment donc assurer effectivement le flanquement de la ligne d'artillerie ?

La solution radicale sera trouvée dans l'adjonction des mitrailleuses aux batteries du groupe.

Imaginons un flanc extérieur carrément découvert, et, par conséquent, plaçons-nous dans la situation la plus défavorable qui soit. Supposons à portée de ce flanc et à une centaine de mètres une section de mitrailleuses surveillant les abords et placée en conséquence ; puis, en avant de cette section, quelques cavaliers en vedette ayant pour mission de signaler tout mouvement suspect contre les batteries. Rappelons-nous, maintenant, que la section ainsi placée en surveillance peut tirer 600 coups au moins à la minute, et représentons-nous ce qui se passerait dans l'hypothèse où une charge déboucherait à 800 mètres de la section considérée. La distance est facile à apprécier sans erreur notable et, avant que la charge n'arrive sur les batteries, on est en droit de compter sur deux minutes de feu efficace, c'est-à-dire que 1200 balles au moins seront lancées sur la charge ; dans ces conditions, il y a des chances pour qu'elle n'arrive pas au but, et si quelques cavaliers réussissent à traverser sans accrocs la nappe de plomb, ils arriveront sur les batteries désemparés, sans cohésion, incapables, en un mot, de produire l'effet escompté de suspension du feu. Ce sera le rôle des cavaliers de soutien de les cueillir à ce moment.

Il y a plus. Disposée comme nous l'envisageons, c'est-à-dire à une centaine de mètres de distance de l'extrémité du flanc découvert, la section est à même, en raison de sa légèreté intrinsèque, de faire front à bras de quelque côté que se présente l'adversaire ; on reconnaîtra qu'il y a là un appui efficace et qui différera quelque peu des 60 sabres protecteurs habituels.

Nous pensons même que l'adjonction de mitrailleuses à la division de cavalerie est de nature à augmenter non seulement la capacité offensive et défensive de la division, mais l'artillerie à cheval peut acquérir elle-même une force offensive toute nouvelle qui doit lui permettre toutes les audaces.

Les matériels d'artillerie à cheval, même à tir rapide... sont toujours trop lourds. C'est un fait. Ils n'ont donc pas la mobilité que l'on pourrait désirer et ce défaut, venant s'ajouter à d'autres causes de ralentissement fait craindre aux artilleurs d'arriver trop tard à la position où ils auraient pu rendre les services qu'on attend de leur diligence. Mais grâce à l'adjonction temporaire de mitrailleuses à ses formations, qui empêchera l'artillerie à cheval de prendre à l'avenir un peu plus de corde que par le passé, de se dégager plus vite du dispositif d'approche, de se placer, en un mot, en échelon avancé dès que le plan de combat commence à se dessiner dans l'esprit du chef, et cela sans qu'elle ait rien à redouter pour sa sécurité particulière ?

Sous le Premier Empire, l'appoint des fusils — portant à 400 mètres et se chargeant à coups de baguette — était de règle à l'artillerie à cheval : que l'on relise les *Mémoires du baron Séruzier, colonel d'artillerie à cheval*, surnommé « Jupiter-Moustache » par Napoléon et « Père La Bombe » par ses canonniers. On voit en maintes circonstances le vieux Volant sauver ses batteries grâce aux habiles dispositions prises par la compagnie de voltigeurs qui, généralement, formait son soutien. Appuyant son flanc à un obstacle, des voltigeurs garnissaient l'obstacle, ferme, boqueteau, chemins creux, et donnaient des feux croisés sur le flanc, en avant ou à revers. Parfois même il les répartissait dans les batteries entre les pièces et il observe avec satisfaction que jamais les charges ne purent franchir son dispositif.

La section de mitrailleuses que nous envisageons n'est-elle pas de nature à nous rendre des services au moins équivalents à ceux des voltigeurs de Jupiter-Moustache ?

24. *Flanquement par le canon.* — A tort ou à raison, nous attribuons une grande importance au flanquement de la ligne d'artillerie. Les mitrailleuses nous paraissent offrir la solution du problème, mais… nous ne les avons pas encore et peut-être est-il expédient de rechercher une solution plus immédiate, fut-elle provisoire.

Une pièce à tir rapide bien servie peut tirer au combat 12 coups à la minute, temps qu'une charge met à parcourir 450 mètres ; on peut donc lancer sur l'assaillant 3,600 balles à la minute : c'est largement ce que donnerait dans le même temps une batterie de 12 mitrailleuses avec la profondeur des gerbes en plus.

Sans entrer dans l'étude détaillée de la conduite du tir d'une pièce d'aile chargée de la mission de flanquement, on peut envisager comme il suit son emploi :

Nettement disjointe de l'ensemble de la batterie, elle sera placée à proximité et en surveillance sans abattre dans la direction suspecte. Le débouchoir est préparé pour corr. 20-200. Le lieutenant de la section à laquelle appartient la pièce est toujours à même d'en prendre immédiatement le commandement.

Quand l'attaque est signalée, généralement à moins de 1500 mètres, la distance est estimée, et le tir ouvert en percutant. Il est conduit de la sorte jusqu'à 600 mètres — à ce moment le tir est continué : à volonté corr. 20-200.

Un tir préparé et exécuté dans ces conditions — si simples d'ailleurs que tout chef de pièce est à même de le diriger — acquiert toute sa valeur du fait que la pièce est réservée pour ce rôle particulier et qu'elle peut entrer immédiatement en action contre l'objectif signalé.

C'est là précisément que gît l'unique inconvénient du procédé, auquel on peut reprocher, en effet, de distraire une pièce de son rôle normal qui est de coopérer à l'attaque des lignes adverses ; mais cette objection, si grave soit-elle, doit tomber si l'on considère qu'une charge non dissociée à temps peut arriver en une minute dans les batteries, y jeter le désordre et les museler pour une durée indéterminée.

On pourrait songer à tourner la difficulté en ne distrayant du combat la pièce extrême d'aile qu'au moment où le danger apparaît sur le flanc. Mais il y a à craindre que la pièce ne puisse être en mesure d'agir à temps, puisqu'il faudra tout d'abord *relever*, ce qui, dans les circonstances où l'on se trouve, prendra bien une demi-minute ; à quoi il faudra ajouter la durée du premier pointage, le tir du premier coup, et pendant tout ce temps la charge attaquée sur 25 mètres de front seulement risque de n'être pas ébranlée du tout et d'arriver quand même sur les batteries.

Ainsi donc si l'on admet l'utilité du flanquement de la ligne d'artillerie — pour nous, ce n'est pas utilité qu'il faut dire, mais nécessité — il faut y affecter un canon n'ayant pas d'autre mission que celle-là. A vouloir courir deux lièvres on risque de faire mauvaise chasse : ne chassons qu'un lièvre.

CHAPITRE V

Résumé et conclusions.

Dans la conception actuelle du combat de la cavalerie, l'artillerie à cheval est autre chose qu'un ajoutat, un moyen de circonstance mis à sa disposition : c'est, au même degré que les échelons de cavalerie, un échelon de combat ; elle entre avec sa puissance propre et ses qualités particulières dans l'agencement général du dispositif, et si, en aucun cas la manœuvre à exécuter ne doit être subordonnée à son action, du moins l'amorcera-t-elle souvent et souvent influera-t-elle considérablement sur la direction générale de l'attaque et en particulier sur l'orientation définitive des échelons de choc.

Armée d'un canon à tir rapide, l'artillerie à cheval apportera sans conteste au commandant de la cavalerie un concours des plus puissants. Son utilisation habile sera de grande conséquence pour l'issue heureuse du combat. Mais en revanche, et en supposant l'adversaire pourvu de moyens comparables, la conduite d'une division de cavalerie au combat sera beaucoup plus délicate que par le passé. Devant l'artillerie actuelle toute faute se passera lourdement et instantanément ; c'est là un axiome à ne jamais oublier, et qui pourrait même servir de base à une tactique de combat. Un chef qui aurait l'art, après avoir disposé convenablement son artillerie, d'attirer par une manœuvre préméditée l'adversaire sous son feu, n'aurait plus qu'à lâcher à la curée ses escadrons réservés ; la souplesse du tir de l'artillerie, sa précision, son efficacité sont certaines, sont prouvées, et ses effets seront terribles. « J'ai vu, dit le capitaine Solovief[1], les

---

[1] *Revue militaire des Armées étrangères*, janvier 1906.

shrapnells japonais suivre comme à la piste un groupe d'okhot-niki à cheval[1] qui passaient par-dessus une crête au grand galop, et mettre rapidement hors de combat 12 hommes et 19 chevaux.... »

Un autre exemple tiré du même auteur :

« A peine la première compagnie de la colonne venait-elle de déboucher dans la plaine, où elle se découvrait comme sur la main, qu'elle fut *complètement et instantanément enveloppée d'un* nuage de fumée, causé par l'éclatement des shrapnells, dont l'ouragan se déchaînait sur elle. On voyait les projectiles tomber au milieu même de la colonne, l'enserrer dans un cercle de feu, les rangs s'éclaircir. A mesure que la tête de colonne gagnait du terrain, *les projectiles ennemis l'accompagnaient, sans quitter le but pour* une seconde...

« Derrière elle s'allongeait une file de points noirs immobiles... »

Le tableau sera le même, avec le désordre et la confusion en plus, si, à la place de cette colonne d'infanterie qui se croyait en sûreté à 1ᵏ,500 derrière la première ligne, on imagine un gros d'escadrons tombant sous les vues — et immédiatement sous les coups — de l'artillerie adverse postée aux aguets.

Nous ne dirons pas qu'avec le canon à tir rapide il y a quelque chose de changé dans la tactique de la cavalerie, qui se résume en somme à chercher et à réaliser l'abordage dans de bonnes conditions ; mais nous pensons qu'il y aura à adapter les formes de la manœuvre et la manœuvre elle-même à l'action du canon. Nous l'avons dit précédemment et nous le répétons : devant et avec le canon à tir rapide, la conduite de la division de cavalerie demandera, plus encore que par le passé, des chefs ayant de l'invergure et l'art d'utiliser à plein tous les moyens qu'ils ont entre les mains.

Les batteries à cheval à tir rapide ont donc un beau rôle à jouer en liaison avec la cavalerie, et, tout autant que par le passé, elles auront à agir vite et à agir bien. Il leur faut pour cela un matériel mobile et des méthodes d'action appropriées.

Laissant de côté les desiderata formulés au sujet de la mobilité,

---

[1] Eclaireurs d'infanterie.

nous avons distingué selon que les batteries à cheval opéraient au lieu et place ou en appoint des batteries de campagne ordinaires, ou bien selon qu'elles agissaient dans le combat propre de la cavalerie, avec elle et pour elle.

Dans le premier cas, rien, sauf leur mobilité, ne doit différencier leur mode d'action de celui des batteries de campagne : mêmes manœuvres, mêmes procédés d'occupation des positions, mêmes méthodes de préparation et de conduite du tir.

En ce qui concerne le second cas, notre opinion est que les batteries de cavalerie ne doivent, pas plus avec le canon à tir rapide qu'avec le canon de 80, se laisser aller à un duel d'arme à arme ; que, pour elles, toutes les positions sont bonnes qui leur permettent d'intervenir efficacement dans le combat ; qu'à la fin de la marche d'approche, les lignes de colonne sont des formations-types dont on ne s'écartera jamais ; que l'ouverture du feu se fera sans abattre ; que les batteries doivent, dans le tir, rechercher l'effet de surprise par l'attaque instantanément efficace et, par conséquent, laisser de côté la recherche d'un réglage serré pour s'en tenir à un encadrement de 400 mètres permettant de déclencher le tir en profondeur soit en tir progressif, soit sur hausses successives au commandement, et qu'enfin le tir sera conduit en percutant toutes les fois que l'ouverture du feu aura lieu sur distances moindres que 1500 mètres.

En se conformant à ces règles générales d'emploi, les batteries sont à peu près assurées de pouvoir agir vite et bien dans le combat de cavalerie ; encore faudrait-il qu'elles eussent leur liberté d'action et que leur tir ne fût pas à la merci d'un escadron les abordant par leur flanc découvert.

L'adjonction de mitrailleuses à la division de cavalerie nous a paru apporter la solution de cette question. En thèse générale, la division verra s'accroître sa capacité de résistance avec ce nouvel engin ; mais, de plus, les mitrailleuses serviront tout naturellement à couvrir le flanc vulnérable de la ligne d'artillerie pendant le combat, à la flanquer contre toute attaque ayant pour but d'amener la suspension temporaire du feu.

Il faut avoir été chargé, à chaque jour de manœuvre, par des cavaleries mordantes que le soutien cavalier ne réussit jamais à barrer, pour sentir à quel point cette question de sécurité s'impose à l'esprit d'un commandant d'artillerie à cheval. Certains en

prennent philosophiquement leur parti — que faire contre l'iné-
vitable? — ; mais d'autres se disent : « Cependant, si j'avais eu
100 fusils sur mon flanc, au lieu de 50 sabres, les choses ne se
seraient pas passées de la sorte et le tir de mes batteries n'aurait
pas été suspendu. »

Car là est l'intérêt de la question : le tir des batteries sera suspendu, et il ne faut pas qu'il le soit. Les mitrailleuses leur donneront la sécurité cherchée, et, à leur défaut, la dernière pièce
de l'aile découverte en pourra tenir lieu.

Paris. — Imprimerie R. Chapelot et Cⁱᵉ. 2, rue Christine.

PARIS. — IMPRIMERIE R. CHAPELOT ET C⁰, 2, RUE CHRISTINE.